बग़ावत

संगम 'प्यारे'

मेरे प्यारे पिताजी को समर्पित!

अनुक्रमणिका

लड़की

उस पार

बेरोजगारी

विचारों की यात्रा

कैद

हकीकत-ए-जिंदगी

सफर

बदलते रहे

परिंदा

सवाल

किसान

क्या फर्क पड़ता है

तड़प

मजदूर

जब टूट गया था मैं

संघर्ष

वो दिन भी एक दिन आएगा

प्रस्तावना

इस पुस्तक में लेखक ने अपनी कविताओं और रचनाओं के माध्यम से सामाजिक एवं संस्थागत ढांचे की खामियों को उजागर किया है तथा हम सभी के सामने कई सारे सवालिया निशान खड़े करते हुए एक बेहतर समाज के निर्माण की आवश्यकता पर अपना बल दिया है|

इस पुस्तक के माध्यम से समाज में व्याप्त विभिन्न पहलुओं और मुद्दों को लेकर जिनको अक्सर हम लोग अनदेखा कर देते हैं लेखक ने बड़े ही सरल और सहज तरीके से सटीक शब्दों का उपयोग करते हुए अपनी रचनाओं को गढ़ने की कोशिश की है और मुझे ऐसा विश्वास है कि ये रचनाएं आपके अंतरमन पर अमिट छाप छोड़ जायेंगी साथ ही आपको एक जिम्मेदार नागरिक बनाते हुए एक बेहतर इंसान भी बनाएंगी

अतः आप ज्यादा से ज्यादा पाठकों तक आवश्यक रूप से इस पुस्तक को पहुंचाएं आपकी अति कृपा होगी

साभार!

भूमिका

सभी साथियों को मेरा प्यार भरा नमस्कार!

साथियों यह पुस्तक आप सभी को उस सच से रूबरू कराएगी जिससे अक्सर हम लोग मुंह फेर लेते हैं या जाने अनजाने में उन सामाजिक और राजनीतिक मुद्दों को लेकर बात नहीं करते और चाहे कारण जो भी हो उन मुद्दों पर हम खुलकर बात करने के बजाय पर्दा डालने की कोशिश करते हैं साथियों इस पुस्तक के माध्यम से किसी की भी भावनाओं को ठेस पहुंचाने का मेरा बिल्कुल उद्देश्य नहीं है बल्कि हमारा ध्येय इन रचनाओं और कविताओं के माध्यम से समाज में व्याप्त उन बुराइयों की तरफ आप सभी पाठकों का ध्यान आकर्षित करना है जिन्हें सुधारा जाना बेहद जरूरी है ताकि बेहतर और एक शोषण मुक्त समाज की स्थापना की जा सके

अंत में आप सभी साथियों से बस इतना ही कहना चाहूंगा कि समाज में बुराइयां इसलिए व्याप्त नहीं है कि बुरे लोग ज्यादा हैं बल्कि इसलिए व्यापत है क्योंकि अच्छे लोग खामोश हैं पर अब वक्त आ गया है अपनी आवाज बुलंद करने का शोषण के खिलाफ संगठित होकर आवाज उठाने का और एक बेहतर समाज के निर्माण का तो आइये साथ मिलकर उस समाज के निर्माण की नींव रखते हैं जहां सबको समानताएं होंगी और नहीं होगा किसी के अधिकारों का हनन

धन्यवाद!

लेखक के बारे में

सीताराम मीना जी पुत्र स्वर्गीय श्री प्यारे लाल मीना का जन्म 15 जुलाई 1995 को ग्राम फुलवाड़ा जिला सवाई माधोपुर (राजस्थान) में हुआ आपने अपनी प्रारंभिक शिक्षा अपने गांव के राजकीय विद्यालय से पूर्ण की।

उसके बाद वर्ष 2017 में आपने आईआईटी बीएचयू के सिविल इंजीनियरिंग विभाग से अपनी बीटेक पूर्ण की तथा साथ ही आपकी हमेशा से लेखन के प्रति गहरी रुचि रही है और आपने अपनी कविताओं एवं रचनाओं के माध्यम से समाज में व्याप्त विभिन्न पहलुओं को बखूबी उजागर करते हुए उनकी तरफ लोगों का ध्यान आकर्षित किया है। लेखन की दुनिया में आपका नाम संगम 'प्यारे' है। लिखने के साथ-साथ किताबें पढ़ने और पेंटिंग बनाने का भी आपको बेहद शौक है, आप प्रकृति प्रेमी है तथा आप सामाजिक जन जागरूकता का कार्य भी करते है।

सभ्य-समाज

हमें नही चाहिए
तुम्हारा ऐसा सभ्य समाज,
जहाँ दबा दी जाती है
हर वो इक आवाज,
जो उठे अन्याय के खिलाफ,

और जहाँ
अपने अधिकारों की
माँग करने वाले,
हर शख़्स की जुबां पर
लगा दिए जाते हैं
कालकोठरियों के ताले,

और ना जाने
वो कितने सताये जाते हैं,
अनगिनत जुल्म
उन पर ढाये जाते हैं,

हमें नही चाहिए
तुम्हारा ऐसा सभ्य समाज
जहाँ जानवरों से,
भी बुरा
सलूक किया जाता है,
इंसानो से,
और जहाँ मार दिया जाता है,
बेटियों को कोख़ में
और जहाँ हर नारी को,
समझा जाता है
सिर्फ भोग-विलास की वस्तु
और दबा दिया जाता है
हर उस आवाज को,
जो उठी हो बचाने
इंसानियत की लाज़ को,

हमें नही चाहिए
तुम्हारा ऐसा सभ्य समाज

जहाँ होती है
धर्म के नाम पर
रोज मार-काट,
और होती है
जाति के आधार पर
कर्मों की काट-छांट,

जहाँ किये जाते हैं
वोट मांगने को
बढ़े-बढ़े उद्‌घोषण,
और वहीं लोग सत्ता में
आकर करते हैं
आम जनता का शोषण,

हमें नही चाहिए
तुम्हारा ऐसा सभ्य समाज
जहाँ एक आम इंसान की
जिंदगी, मौत से भी बदतर हो,

और जहाँ अपने
अधिकारों के लिए संघर्ष करना
देशद्रोह कहलाता हो,
और सत्ताधारियों की
काली करतूतों को उजागर करना
राष्ट्रविरोधी,

हमें नही चाहिए
तुम्हारा ऐसा सभ्य समाज
जहाँ पत्थरों की पूजा होती है
और इंसानों का नरसंहार
और बलि देते हैं पशुओं की
और जहाँ दूध भी चढाते हैं
पत्थरों को,
और मूत्र पिलाया जाता है
इंसानों को,
जहाँ बुझा दिया जाता है
हर एक उस चिंगारी को,
जो समानता की बात करती है

हाँ लेकिन एक दिन
ये चिंगारी जरूर भड़केगी,
जिसे तुम चाह कर भी
नही बुझा पाओगे
और ज्वालामुखी बनकर
स्थापित करेगी,
एक ऐसा समाज
जिसे तुम असभ्य कहते हो

जहाँ सबको समानतायें होंगी
जहाँ हर दिल में इंसानियत होगी,
और नही होगा
किसी के अधिकारों का हनन

हाँ एक दिन जरूर होगी,
उस 'समाज' की स्थापना
जिसे तुम 'असभ्य' कहते हो,
हाँ एक दिन जरूर होगी
उस 'असभ्य-समाज' की स्थापना

खेल और राजनीति

सुनो भई सुनो !
तुम सबको सुनाता हूं मैं आज
खेल जगत के अनाड़ीयों की बात
ये खेल-खेल में खेल जाते हैं
काबिल खिलाड़ियों की
काबिलियत के साथ
अब नहीं माँगा जाता है अंगूठा
सीधे काट दिए जाते हैं हाथ

आओ सुनाता हूं मैं तुमको
नेता और सत्ता के
गलियारों की बात
ना धर्म है कोई
इन नेताओं का
ना है कोई जात
बैठकर देश की संसद में
सब के सब करते हैं घात

आओ सुनाता हूं मैं तुमको
पत्रकारों और साहूकारों की बात
सच्ची पत्रकारिता जो करता है
देकर निकाल दिया जाता है
उसको लात

आओ सुनाता हूं मैं तुमको,
सच्ची सच्ची बात।

निवाला

हमारे हर एक निवाले के लिए
किसान सींचते हैं अपने खेतों को
खुद के खून से
और फसल को अपने पसीने से
लेकिन फिर भी छीन लिए जाते हैं
उनसे वो खेत
जिन्हें लगा कर रखते हैं वे अपने सीने से

जो खेत बंजर होते हैं बनाने में उपजाऊ उसे
ना जाने कितने शरीर जर्जर होते हैं

लेकिन,
जब ये प्रकृति कहर बरपाती है
तो सृष्टि के पालनकर्ता की
छाती सी फट जाती है
क्योंकि,
कई महीनों की मेहनत उसकी
मिट्टी में मिल जाती है

लेकिन,

फिर से हाथों में कुदाली लिए
दिल में एक चिंगारी लिए
निकल पड़ता है एक "किसान"
अपनी आंखों में खुद्दारी
और कंधों पर जिम्मेदारी लिए

फिर से उगाने इक "निवाला"
हमारे लिए - हमारे लिए

देश का हाल

समय की चाल देखिए
जनता का हाल देखिए
सत्ता से करके
कोई सवाल देखिए
फिर सत्ता के गलियारों में
मचता बवाल देखिए
नहीं तो घोटालों से
नेताओं को होते मालामाल देखिए

फिर मीडिया में भी बैठे
सरकारों के दलाल देखिए
समय की चाल है देखिए
कि देश का हाल देखिए
खून से होती
सीमाओं को लाल देखिए

खेतों और खलियानों में
किसानों को फटेहाल देखिए
और मज़दूरों को बदहाल देखिये

वोट देने से पहले
नेताओं का भूतकाल देखिए
नहीं तो घोटालों के चलते
थाली से गायब रोटी-दाल देखिए

समय की चाल देखिए
कि देश का हाल देखिए

घर से दूर

घर से दूर
शहर के किसी कोने में
सपनों की पोटली बांधे
जब गांव से निकलता है कोई
रह-रह के उसके अंदर
सपना मचलता है कोई
साथ ही घर से दूर
रह-रह के उसके अंदर
अपना सिसकता है कोई

लेकर आंखों में ख्वाब
घर से दूर
शहर के किसी कोने में
दिल में पाले सपने लेकर
जब गांव निकलता है कोई
उसी शहर के किसी कोने में
पैसे देकर

उसके सपनों का सौदागर
बनता फिरता है कोई
तो रह-रह के उसके दिल के अंदर
शोला भड़कता है कोई

अपनी मंजिल पाने घर से दूर
जब निकलता है कोई
बैठकर सत्ता के गलियारों में
उसके हिस्से का निवाला
निगलता है कोई

उस वक्त उसके दिल के अंदर
रह-रह कर सिसकता है कोई
रह-रह कर सिसकता है कोई

दौर-ए-सियासत

या तो सच कहो
या फिर मौन रहो
यूं ना,
दौर-ए-सियासत की
आंधियों में बहो

या तो सड़कों पर उतरो
या फिर नेताओं के पर कतरो
यूं ना,
दौर-ए-सियासत की
रियासत में बिखरो

या तो शपथ लीजिए
या फिर कफन लीजिए
यूं ना,
दौर-ए-सियासत में
खुद को खत्म कीजिए

या तो जिंदा रहो
या फिर मुर्दा रहो
यूं ना,
दौर-ए-सियासत में
नेताओं का बनके प्यादा रहो

या तो सरकार बनिए
या फिर साहूकार बनिए
यूं ना,
दौर-ए-सियासत में
इतने मक्कार बनिए

कत्ल

हम सब के सब खूनी है
क्योंकि ना जाने
कितनी बार कर देते हैं
कत्ल
अपने सपनों का
और ना जाने कितनी बार
मर जाने देते हैं
अपने अंदर इक अरसे से
पल रही इच्छाओं को
जिम्मेदारियों के बोझ तले

हम सब के सब खूनी है
क्योंकि ना जाने
कितनी बार कर देते हैं
कत्ल
अपनी सांसों का अपने अहसासों का

और ना जाने कितनी बार
मार देते हैं
अपने अंदर के जज्बातों को
और अपने होठों पर आए अल्फाजों को

हम सब के सब खूनी हैं
क्योंकि कई बार कर देते हैं
कत्ल
किसी के अधिकारों और अपने कर्तव्यों का
और ना जाने कितनी बार
मार लेते हैं
किसी और का हक

हम सब के सब खूनी है
क्योंकि कई बार करते हैं
कत्ल
अपनी जुबान का
जब हम अपने वादे से मुकरते हैं
और ना जाने कितनी बार
मार देते हैं

खुद के भीतर मौजूद पुराने इंसान को
जब हम सुधरते या बिगड़ते हैं

हम सब के सब खूनी है
क्योंकि कई बार करते हैं
कत्ल
पानी के उस कतरे का
जो बनकर आंसू आंखों से टपकता है

और ना जाने कितनी बार
किया होता है
कत्ल
उस दिल का भी
जो अपने सीने बिच धड़कता है
जो अपने सीने बिच धड़कता है

आदमी

आदमी होकर आदमी से डरते हो
क्यों अपनी जिंदगी
बेवफा लोगों के नाम करते हो

क्यों अपने दिल को बदनाम
गैर के दिल को भगवान करते हो
क्यों अपनी जिंदगी
किसी और के नाम करते हो

जिंदगी होकर जिंदगी से डरते हो
या फिर
मौत की आगोश में जाने से डरते हो
क्यों किसी का कत्लेआम
इस दुनिया को श्मशान करते हो

सबको मिट्टी में मिल जाना है एक दिन
फिर भी ना जाने क्यों तुम
इस काया का गुमान
और अपने कर्मों का बखान करते हो

हवस

हवस की आग में
आदमी पार कर देता है
सारी हदें दरिंदगी की
क्यों नहीं आती है नजर उसे
कीमत एक लड़की की जिंदगी की

ना जाने इक आदमी
क्यों तोड़ देता है
हवस की आग में
सीमाएं सारी शर्मिंदगी की
जिसने ना देखा हो
जीवन को कण-कण में
उसे कैसे समझ आएगी
कीमत बंदगी की

हवस की आग में
क्यों कर देता है इक आदमी

पार सारी हदें दरिंदगी की
क्यों नहीं समझ आती है उसे
कीमत एक लड़की की जिंदगी की

सरहद के पहरेदार

सर्दी में ठिठुरते रहे गर्मी में जलते रहे
फिर भी सरहद के पहरेदार थे
कि हर एक तूफान से लड़ते रहे

सत्ता के तख्तो ताज से
तुगलकी फरमान निकलते रहे
और सरहद के पहरेदार थे
कि जान हथेली पर लेकर लड़ते रहे

देश की बात तो छोड़िए जनाब
यहां तो देश की संसद में ही
बनकर राजनेता आस्तीन के सांप पलते रहे

देकर भड़काऊ भाषण करवाकर लोगों में दंगे
हमारे सपनों के सौदागर अंदर ही अंदर हंसते रहे
और कुछ इस तरह नफरत की आग में
सत्ता की छांव में हमारे घर थे कि जलते रहे

लेकर दिल में अंगारे अपनी आंखों में पानी
सरहद के पहरेदार थे
कि सिर पर बांधे कफ़न लड़ते रहे

आंदोलन

सत्य की लड़ाई में अभी
बहुत उतार-चढ़ाव बाकी है
चले सत्य की राह हमेशा
ऐसी इस काया की माटी है
जिसने धूल चटा दी अंग्रेजों को
हम उस गांधी की लाठी हैं
शस्त्र नहीं कलम है ताकत
ऐसी हां की परिपाटी है
नहीं तो धूल चटा दे अकबर को भी
ये प्रताप का हल्दीघाटी है

हल्के में लेना हमको
ये तो बस झांकी हैं
बात सत्य की जब भी होगी
हर नुक्कड़ आम सभा
और हर चौराहा चौपाटी है

यह मत भूलो
यहां हर कोई एक दूजे का साथी है
चले सत्य की राह हमेशा
ऐसी इस काया की माटी है
ऐसी इस काया की माटी है

लड़की

मां की कोख से दुनिया में आने को आतुर,
एक लड़की
आने के बाद हर बात पर ताने सुने,
एक लड़की

स्कूल जाने और शिक्षा पाने के लिए लड़े,
एक लड़की
शिक्षा पाकर भी अपने सपनों का कत्ल करे,
एक लड़की

कत्ल कर सपनों का अनजान घर की बहू बने,
एक लड़की
पति के वंश के अंश को अपने लहू से सींचे,
एक लड़की

फिर भी,
हर अन्याय को सहन करे होंठ भींचे-आंखें मीचें,
एक लड़की

उस पार

इस दुनिया के पार
उस पार है एक दुनिया
जहां इश्क नहीं है पाप
ना जीना है अभिशाप
उस पार है ऐसी दुनिया

जहां नहीं है कोई धर्म
ना है कोई जात
सब चलते हैं थामें
एक-दूजे का हाथ
उस पार है ऐसी दुनिया

जहां नहीं है कोई टकरार
ना है कोई सरकार
सब करते हैं जहां पर
एक दूजे को प्यार
उस पर ऐसी दुनिया

जहां नहीं है कोई 'पोलूशन'
सब मिलकर करते 'सॉल्यूशन'
जा नहीं है कोई 'नेशन'
ना है देशभक्ति का 'लेसन'
कर्म है जहां 'पॉपुलर'
जहां सब कुछ है 'नेचुरल'
उस पार है ऐसी दुनिया

उस पार है ऐसी दुनिया
जहां ना है कोई दरिंदा
उन्मुक्त है हर परिंदा
जहां ना होना पड़ता है
प्रेम के लिए शर्मिंदा
उस पार है ऐसी दुनिया

जहां सब है 'भामाशाह'
ना कोई है 'तानाशाह'
ना ही है 'राजशाही'
सब है जहां 'हमराही'

उस पार है ऐसी दुनिया
आ ले चलूं मैं तुझको
दिखाने वो दुनिया
मेरे सपनों और ख्यालों में
जो आती है इक दुनिया
मेरे सपनों और ख्यालों में
जो आती है इक दुनिया

बेरोजगारी

मौत के बाद नर्क नहीं है
नर्क तो ये बेरोजगारी है
अब मिलती है सिर्फ जॉब उन्हें
जिनकी सत्ता की के संग यारी है

पढ़ने वालों का कैसे नंबर आए रे भैया
यहां तो पैसे देने वालों में ही मारामारी है
सरकार की आंखों पर बंधी हुई नोटों की पट्टी है
क्योंकि इन पैसों में सबकी हिस्सेदारी है

अब मिलती है सिर्फ जॉब उन्हें
जिनकी दल्लों से रिश्तेदारी है

कैसे आते हैं रे तेरे इतने नंबर भैया
तू तो करता इतनी मक्कारी है
हमें पता है तेरी जेबें थोड़ी भारी है
इसलिए मिलती जॉब तुझे सरकारी है

मैं देता हूं आवाज तुम्हें
कि बिस्तर छोड़ो रुख मोड़ हो तुम
अपने हक की आवाज उठाना
अब हम सबकी जिम्मेदारी है
जर्रे-जर्रे को ये चीख सुनाई दे
कि सत्ता और ये नौकरशाही
हम सबके सपनों की हत्यारी है

अब मिलती है सिर्फ जॉब उन्हें
जो करता सत्ता की बेगारी है

मैं पूछता हूं उन लोगों से
जिनको सत्ता इतनी प्यारी है
और खुद ही बन जाए भूप चोर जब
कौन करें हमारे हकों की पहरेदारी है

अब मिलती है मलाईदार पोस्ट उन्हें
जो करते अपने आकाओं की खातिरदारी है

हम पूछते हैं इन बहरी-गूंगी सरकारों से
कहां तुम्हारी खुद्दारी है
पेपर बेचने की ले रखी जो तुमने ठेकेदारी है
ये बताओ हमको फिर कहां हमारी हकदारी है

और हल्के में ना लेना हमको
छात्र एकता सब पर भारी है
जो धूल चटा दे सरकारों को
हम उन बारुदों की चिंगारी हैं

विचारों की यात्रा

कभी-कभी विचारों की यात्रा में
चले जाना अच्छा होता है
क्योंकि उन विचारों में
हम अपने सपनों की तस्वीर को
बहुत करीब से देख और महसूस कर पाते हैं
जो उतर जाती है अपने जहन में
और देती है हमें अपार ताकत
अपने सपनों को पूरा करने के लिए

लेकिन ध्यान रहे
यात्रा सकारात्मक विचारों की हो
क्योंकि इसके विपरीत
नकारात्मक विचारों की यात्रा
हमें तोड़ देती है और बना देती है
अंदर से बहुत कमजोर

कैद

सलाखों के उस पार है
एक ऐसी दुनिया
जहां, ना सूरज निकलता है
ना धूप खिलती है
ना सवेरा होता है
ना शाम होती है
और कभी-कभी बेगुनाहों की
चीखों से भी ये दीवारें हिलती हैं।

सलाखों के उस पार है
एक ऐसी दुनिया
जहां, ना कोई अपना होता है
ना जीना होता है
ना ही मरना होता है
और नील गगन में उड़ना
बस एक सपना होता है-२

सलाखों के उस पार है
एक ऐसी दुनिया
जहां, सलाखों में कैद मौत
और मौत में कैद
एक जिंदगी होती है

जरा सोचो! कभी-कभी
सलाखों के उस पार
बेगुनाहों के साथ
कैसी दरिंदगी होती है
जहां, सलाखों में कैद मौत
और मौत में कैद
एक जिंदगी होती है।

सलाखों के उस पार है
एक ऐसी दुनिया
जहां, दिल में उम्मीदें
आंखों में आस होती है

और जिंदगी से शिकायतें
बेहिसाब होती है
लेकिन फिर भी रोम-रोम में
देश की खातिर मर-मिटने की
प्यास होती है।

सलाखों के उस पार है
एक ऐसी दुनिया
जहां, दीवारें दोस्त
और सलाखें खिलाफ होती है
जहां, मौत एक तमाशा
और जिंदगी एक अभिशाप होती है-२
सलाखों के उस पार है
एक ऐसी दुनिया

हकीकत-ए-ज़िंदगी

दिल की अमीरी को मैंने,
गरीबी में पलते देखा है।
काली से काली रातों में,
सूरज को उगते देखा है।
संतान के पेट की खातिर मैंने,
मां-बाप को तपते देखा है।
और उम्मीदों के सूरज को भी,
मैंने ढलते देखा है।
जिंदादिल लोगों को मैंने,
फिर भी हंसते देखा है।

और नामचीन लोगों को मैंने,
लालच में फंसते देखा है।
कुछ नोटों की खातिर,
उनके जमीर को मरते देखा है।

दो-दिल वालों को मैंने,
इस दुनिया से लड़ते देखा है।

लेकिन अपने घर वालों से,
उनको डरते देखा है।

सूरज की किरणों से मैंने,
सागर को भी बादल बनते देखा है।
बूंदे बनकर नील गगन से,
इसको नीचे गिरते देखा है।
लेकिन फिर से इन बूंदों को,
मैंने सागर में मिलते देखा है।

चाहे लाख मुसीबत हो राहों में,
फिर भी चींटी को चलते देखा है।
चाहे कितने भी हो आंधी-तूफां,
फिर भी दीपक को जलते देखा है।

और अपने सपनों की खातिर मैंने,
लोगों को सब कुछ करते देखा है।
फिर भी शमशान की चौखट पर,
मैंने लाखों सपनों को मरते देखा है।
लाखों सपनों को मरते देखा है।

सफर

मैं निकला हूँ एक सफर पर,
क्योंकि अपनी हिम्मत को मुझे आजमाना है
संभल कर रखना होगा हर कदम, ऐ दोस्त!
क्योंकि बेरहम बहुत ये जमाना है
ये पता है मुझे कि,मुश्किलों से भरा होगा
ये सफर,
लेकिन क्या करें जल्दी से पार जो करनी है,
ये डगर

मुश्किलों के तूफानों को चीरकर,
हर हाल में मंजिल पानी होगी,
जो समय निकल गया एक बार
तो भरपाई ना कि जा सके ऐसी हानि होगी

मंजिल को आखों में बसाकर
हर हाल में आगे बढ़ना होगा,
संघर्ष भरी होगी ये डगर,

हर कदम पर मुसीबतों से लड़ना होग
बदलना होगा इन सामाजिक कुरूतियों को,
लानी होगी एक बेहतर बदलावों कि क्रांति
इंसानियत बसा इस दिल में, ऐ मेरे दोस्त!
नकार दे सारे ढकोसले धर्म-ग्रन्थों को
इनमे है सिर्फ और सिर्फ भ्रान्ति

बस, बुलन्द हौसलों के साथ,
आगे बढ़ता चल मेरे यारा,
तब वो दिन दूर नही,
जब होगा इस दुनिया का
एक बेहतरीन और खूबसूरत नज़ारा

बदलते रहे

जिस्म वही था
खरीदार बदलते रहे
इश्क वही था
किरदार बदलते रहे
शख्श वही था
हकदार बदलते रहे
जमीन वही थी
बस ज़मींदार बदलते रहे
कुर्सी वही थी
ठेकेदार बदलते रहे
मकान वही था
बस पहरेदार बदलते रहे
मूर्ख वहीं थे
समझदार बदलते रहे
रूह वही थी
बस सौदागर बदलते रहे
और एक हम थे कि
ठोकरें खाकर भी इश़्क़ करते रहे

परिंदा

देखनी है तो परिंदों की उड़ान देखिए
और कदमों में उनके सारा जहान देखिए
घनघोर अंधेरी रातों में खुला आसमान देखिए
और फिर कदमों में अपने हर मुकाम देखिए

भले ही तुम भीड़ को तमाम देखिए
लेकिन उस भीड़ में भी अपनी पहचान देखिए
चाहे नेताओं के भाषण सुबह-शाम देखिए
लेकिन उसमें भी लोगों का कत्लेआम देखिए

प्यार बढ़ाते मयखाने का जाम देखिए
फिर अपनी जुबां पर सबका
और सबकी जुबां पर अपना नाम देखिए
फिर भरी हुई महफिलों में अपना मान देखिए
और उसमें भी फिर अपनी शान देखिए
कि प्यार बढ़ाते मयखाने का जाम देखिए

सवाल

इक सवाल जो घूमता है
हर वक्त मेरे जहन में
जैसे घूमती हैं स्मृतियां
किसी प्रेमी के मन में

और बहुत सारे सवाल
जो चूमते हैं
मेरे माथे की सिकन को
सुलझाते हैं
मेरे मन की हर इक उलझन को
कई सवाल बनकर
सूरज की पहली किरण
जगा देते हैं
मेरे मृत मन को

इक सवाल जो घूमता है
हर वक्त मेरे जहन में

जैसे बसता है
कोई किसी के अंतर्मन में
जो रह-रह कर
आग लगा देता है
मेरे दिल के आंगन में

किसान

फसल उगाता है किसान
अन्नदाता है किसान
इस दुनिया का भाग्य विधाता है किसान

लेकिन फिर भी चिंता में डूबा रहता है किसान
क्योंकि पता नहीं कब पड़ जाए सूखा
उसे और उसके परिवार को रहना पड़े भूखा
पता नहीं कब बरस जाए अधिक पानी
मुश्किल हो जाए उसके परिवार की भूख मिटानी

इतनी मेहनत करता है किसान फिर भी चिंता में
डूबा रहता है
कि पल-पल मरता है किसान पल-पल डरता है
पूंजीपतियों की यह सरकार
किसानों मजदूरों पर करती है इतने बार
लेकिन हर पल है करता संघर्ष नहीं मानता है हार

सरकार ने पूंजीपतियों को इस तरह दे रखी है
खुली छूट
कि किसानों और आदिवासियों की जमीनों की हो
रही है खुलेआम लूट

इसलिए हर पल किसानों को सताता है ये डर
पता नहीं कब जबरन उजाड़ दिया जाए उसका
छोटा सा घर
जिसमें उसको रहना है जीवनभर

कभी यह सरकार तो कभी यह प्रकृति इतना
बरसाती है किसान पर कहर
मजबूरी में किसान और उसके परिवार को खाना
पड़ता है जहर
जो इस दुनिया को अन्न है देता
कुछ भी जहर उगलते हैं उनके खिलाफ ये भ्रष्ट
और बेशर्म नेता
काश सारे किसान एक होते इनकी जुबां है बाहर
खींच लेते

मीडिया भी है बिक चुका इनका बिकाऊ चेहरा
दिख चुका
किसानों को अन्नदाता-अन्नदाता बोल कर
रिझाता है
ना कभी उनकों इन बेहूदा सरकारों की बेहूदा
हरकतें बताता है

एक दिन ऐसा भी आएगा जब सारी दुनिया के
किसान और मजदूर होंगे संगठित
इस दुनिया में घमासान है छाएगा
किसान मजदूर खुद होंगे सत्ता मैं
इन पूँजीपतिओं कि सरकारों का नामों-निशान
इस दुनिया से मिट जाएगा

क्या फर्क पड़ता है

क्या फर्क पड़ता है उन्हें,
भूख की तड़प मालूम नहीं जिन्हें
जिसने ना कभी खेतों में हल चलाया हो
फैक्ट्रियों में ना कभी लोहा गलाया हो
बस गला फाड़-फाड़कर भाषणों में चिल्लाया हो

क्यों सुनाई देगी गरीबों की चीख उन्हें जो
गरीबों का खून चूसकर सत्ता मे आया हो
क्यों दिखेगी बुनियादी सुविधाओं के
अभाव में मरती हुई जनता उसे
जिसकी आंखों में सत्ता का नशा गहराया हो

क्या फर्क पड़ता है उन्हें
खून की कीमत मालूम नहीं जिन्हें
क्या फ़र्क़ पड़ता है उन्हें
जिंदगी की कीमत मालूम नहीं जिन्हे
क्या फर्क पड़ता है उन्हें, क्या फर्क पड़ता है उन्हे!

तड़प

तुम क्या जानो उस मां की तड़प को
जिसका जवान बेटा शहीद हो जाता है सरहद पर
इस देश की खातिर
और तुम करते हो निठल्ले बैठकर गंदी राजनीति
उन शहीद जवानों की लाशों पर

तुम क्या जानो उस पिता की तड़प को
जिसका बेटा मर मिट जाता है देश के लिए
केवल कुछ सनकी नेताओं के आदेशों पर
जो हमेशा फैलाते हैं
लोगों के बीच नफरत का जहर
अराजकता और दंगे करवाकर सेंकते हैं
राजनीति के मंडे
दंगे में मारे गए लोगों की लाशों पर

और तुम क्या जानो उन परिवारों की तड़प को
जिनके बेटे डाल दिए जाते हैं कालकोठरियों में

नक्सली और आंतकवादी कहकर
जो करते है समानता की बात और अपने
अधिकारों के लिए संघर्ष

तुम्हें तो आता है गंदी राजनीति करना और
असली मुद्दों से ध्यान भटकाकर
एक-दूसरे पर आरोप-प्रत्यारोप करना
हाँ तुम्हे आता है अच्छे अच्छे भाषण देकर आम
लोगों को गुमराह करना
और फिर उन पर असहनीय अत्याचार करना

तुम क्या जानो उन किसानों और
आदिवासियों की तड़प को
जिनके संतान से भी प्यारे खेत छीन लिए जाते हैं
और कुछ चंद पूंजीपतियों को दे दिए जाते हैं

तुम क्या जानो उन मजदूरों की तड़प को
जो इतनी मेहनत करके भी

अपने परिवार के लिए दो वक्त की रोटी का
इंतजाम नहीं कर पाते

हाँ तुम्हे तो आता है बड़े-बड़े सपने दिखाकर
इंसानियत का गला घोंटकर
ऐशो-आराम करना
तड़प...तुम क्या जानो उस तड़प को

मजदूर

इस दुनिया का निर्माता है मजदूर
लेकिन भूखा रहने के लिए है मजबूर
शासक वर्ग सत्ता के नशे में इस कदर चूर है
कि हर मजदूर उसकी बुनियादी आवश्यकताओं
के बिना जीने को मजबूर है

वो दिन भी इक दिन आवेगा
जब दुनिया का हर मजदूर है जागेगा
उस दिन इस दुनिया में घमासान है छाएगा
शासनकर्ता-शोषणकर्ता का नाम
इस दुनिया से मिट जाएगा
तब इस दुनिया में ना शासनकर्ता होगा
ना कोई शोषणकर्ता होगा
उस दिन इस दुनिया में एक नया सवेरा होगा
जहां ना कोई मालिक है होगा
ना कोई नौकर है होगा
जहां इंसान,सिर्फ इंसान है होगा

जब टूट गया था मैं

जब टूट गया था मैं खुद से रूठ गया था मैं
जिंदगी की भाग दौड़ में
जब से खुद से छूट गया था मैं
तब एक पल के लिए रुका मैं
सोचा कि क्यों आखिर इतना झुका मैं

क्यों निरंतर बिना रुके नहीं चला मैं
आखिर अपने सपनों की आग में
क्यों नहीं जला मैं
और अब तक खुद से क्यों नहीं मिला मैं

फिर मैंने अपनी एक बात मानी
और खुद से मिलकर आगे बढ़ने की ठानी
तय किया कि अब रचूंगा ऐसा इतिहास
लोग सुनाएंगे अपने बच्चों को कहानी

संघर्ष

तू रुक मत, तू झुक मत,
तू डर मत, तू थक मत,
तू यूँ ही चल, तू यूँ ही बढ़,
मंजिल की तरफ-मंजिल की तरफ

तू हो मत जड़, तू रुक मत मगर
रौंद दे हर मुसीबत को
जो रोके तेरी डगर-जो रोके तेरी डगर
तू कर संघर्ष - तू कर संघर्ष

तू रुक मत मगर तू झुक मत मगर
कहर ढहा दे तू कोई रोके तेरा रस्ता अगर
बस मंजिल पर रख नजर तू रख नजर
तू बढ़ मगर तू चल मगर
तू कर सफर तू कर सब्र
तू कर संघर्ष - तू कर संघर्ष

गर ये बात तूने मेरी मान ली
और मंजिल पाने की ठान ली

तो एक दिन राह भी तेरी होगी
मंजिल भी तेरी होगी
और नाम भी तेरा होगा
वो मुकाम भी तेरा होगा
और शान भी तेरी होगी
पहचान भी तेरी होगी

एक बात मगर ध्यान रखना मेरी तू
अगर हार मान कर बैठ गया
बीच सफर में तू
तो वो हार भी तेरी होगी
तो वो हार भी तेरी होगी

वो दिन भी एक दिन आएगा

वो दिन भी एक दिन आएगा
वो दिन भी एक दिन आएगा
जब इस दुनिया से
जात-पात और ऊंच-नीच का,
भेद मिटा दिया जायेगा,
वो दिन भी एक दिन आएगा
वो दिन भी एक दिन आएगा

काले-गौरे का भेद नही
और आपस में मतभेद नही,
जहाँ पर किया जायेगा,
वो दिन भी एक दिन आएगा
वो दिन भी एक दिन आएगा

जब ना कोई नस्लभेद है होगा
ना कोई दुख:दर्द है होगा,
चारों तरफ रौशनी होगी
हर तरफ उजियारा होगा,

वो दिन भी एक दिन आएगा
वो दिन भी एक दिन आएगा

हर कोई होगा साथी-संगी
ये दुनिया होगी रंग बिरंगी,
ना कोई मेहनत की लूट मचाएगा,
वो दिन भी एक दिन आएगा
वो दिन भी एक दिन आएगा

इस दुनिया में जब ना सेना कोई होगी
घर छोड़ बनेगा ना कोई जोगी,
चारों तरफ सच्चाई होगी
हर तरफ अच्छाई होगी,
वो दिन भी एक दिन आएगा
वो दिन भी एक दिन आएगा

ना कोई जब दंगा होगा,
कपड़े होंगे हर वदन पर
ना कोई तब नँगा होगा,

वो दिन भी एक दिन आएगा
वो दिन भी एक दिन आएगा

ना कोई जब रोता होगा
मुस्कुराता हर चेहरा होगा,
ना कोई जब भूखा सोगा
ऐसा ये संसार है होगा,
वो दिन भी एक दिन आएगा
वो दिन भी एक दिन आएगा

जब नही कहीं दानवता होगी
चारों तरफ मानवता होगी,
नही कहीं जब धर्म है होगा
चारों तरफ सिर्फ कर्म है होगा,
वो दिन भी एक दिन आएगा
वो दिन भी एक दिन आएगा

जब मेहनतकशों की सत्ता होगी
ना कोई भ्रूण हत्या है होगी,

नारी-पुरुष बराबर होंगे
खत्म पुरुष ये सत्ता होगी,
वो दिन भी एक दिन आएगा
वो दिन भी एक दिन आएगा

हर माँ में है ममता होगी
चारो तरफ जहाँ समता होगी,
ना कोई भेदभाव जहाँ होगा
हर तरफ मुस्कुराहट है होगी,
वो दिन भी एक दिन आएगा
वो दिन भी एक दिन आएगा

खत्म लूट संसाधनों की होगी
हर कोई होगा स्वच्छ निरोगी,
इज्जत हर नारी की होगी
ना कोई होगा तन का भोगी,
वो दिन भी एक दिन आएगा
वो दिन भी एक दिन आएगा
जहाँ ना कोई लूट है होगी

ना कोई सरकार सूट-बूट की होगी,
हर तरफ भाईचारा होगा
ना कोई जहाँ फूट है होगी,
वो दिन भी एक दिन आएगा
वो दिन भी एक दिन आएगा

जब दुनिया में ना सीमायें होगी
हर तरफ प्रेम की भावनाएँ होगी,
जब प्यार करना इस दुनिया में
पाप ना माना जायेगा,
वो दिन भी एक दिन आएगा
वो दिन भी एक दिन आएगा

हर तरफ ज्ञान है होगा
चारो तरफ विज्ञान है होगा,
ना कोई जब पाखंड चलेगा
विज्ञानी अखंड चलेगा,
वो दिन भी एक दिन आएगा
वो दिन भी एक दिन आएगा

जब हर कोई प्रकृति का रक्षक होगा
ना कोई उसका भक्षक होगा,
वो दिन भी एक दिन आएगा
वो दिन भी एक दिन आएगा

जब चारों तरफ आशाएँ होगीं
ना राहों में बाधाएं होगीं,
जहाँ खुद चुन सको ऐसी राहें
और मंजिल भी होगी,
वो दिन भी एक दिन आएगा
वो दिन भी एक दिन आएगा

जहाँ इतना मुश्किल जीवन ना होगा
हर काम आसान है होगा,
जहाँ ना कोई मालिक, ना नौकर है होगा
जहाँ इंसान सिर्फ इंसान है होगा,
वो दिन भी एक दिन आएगा
वो दिन भी एक दिन आएगा
यारों, वो दिन भी एक दिन आएगा-२

www.ingramcontent.com/pod-product-compliance
Lightning Source LLC
LaVergne TN
LVHW090427210926
848480LV00002B/722

* 9 7 9 8 9 0 4 7 9 3 1 4 2 *